Inhalt

Controlling im Berichtswesen - Relevante Daten bereitstellen für die unternehmerische Entscheidungsfindung

Kernthesen

Beitrag

Fallbeispiele

Weiterführende Literatur

Impressum

Controlling im Berichtswesen - Relevante Daten bereitstellen für die unternehmerische Entscheidungsfindung

M. Westphal

Kernthesen

- Die Datenflut in Unternehmen wird immer größer.
- Das Controlling hat die Aufgabe, die Daten zielgruppenspezifisch aufzubereiten und den jeweiligen Adressaten relevante Informationen zu liefern.

- IT-Unterstützung mittels Business Intelligence-Systmen kann bei dieser Arbeit helfen.
- Nicht nur für unternehmerische Entscheidungen sind aussagefähige Berichte notwendig, sondern auch für den ratingbezogenen Informationsbedarf von Kreditinstituten.

Beitrag

Das Controlling muss aus der wachsenden Datenflut in Unternehmen die für die einzelnen Zielgruppen relevanten Informationen filtern und in aussagefähigen und aktuellen Berichten bereitstellen.

Lieferung relevanter Daten zur Steuerung des Unternehmens und zur Vorbereitung von Entscheidungen

Die Aufgabe des Controllings besteht darin, der Geschäftsleitung Informationen für Planung und Steuerung des Unternehmens rechzeitig, einheitlich, überschneidungsfrei, übersichtlich und vollständig bereit zu stellen. Um die Entscheidungen zu

unterstützen müssen die gesamten im Unternehmen vorhandenen Daten entsprechend gefiltert und aggregiert werden. (1)
Das Controlling muss den Soll-Zustand gemäß der Unternehmensplanung kontinuierlich mit dem jeweiligen Ist-Zustand vergleichen. Im Falle von Abweichungen einzelner Größen sind entsprechende Gegenmaßnehmen zu evaluieren im Hinblick auf ihre Eignung, den geplanten Status zu erreichen. (1)
Um seiner Aufgabe gerecht zu werden, reicht es nicht, alleine Daten zur Verfügung zu stellen, sondern das Controlling muss auch die Ursachen und Zusammenhänge analysieren, sowie entsprechende Maßnahmen zur Erreichung des Soll-Zustandes aufzeigen. Das Controlling soll also nicht nur die Entwicklung in der Vergangenheit aufzeigen, sondern auch zukunftsgerichtete Entscheidungen ermöglichen. (1)

Eine vergangenheitsorientierte Datenhaltung reicht nicht aus

Die wichtigste Aufgabe eines Berichtswesens ist die Bereitstellung von entscheidungsrelevanten Informationen, dass heißt Probleme sollen durch die Bereitstellung dieser Informationen besser gelöst werden können als ohne sie. (1)

Um letztendlich die richtigen Informationen zu bekommen, müssen die entsprechenden Fragen richtig formuliert werden.
In einem ersten Schritt müssen also die Anforderungen an das Berichtswesen genau definiert werden.
Darauf folgt die Datenaufbereitung und bereitstellung. Zu guter Letzt muss dann der Berichtsaufbau sowie die evtl. damit zusammenhängende Applikationsentwicklung geklärt werden. (1)

Die Aufbereitung der Informationen geschieht in drei Schritten:
1. Beschaffung der Daten aus unternehmensinternen und externen Quellen und Übernahme in das Informationssystem,
2. Verarbeitung der Informationen mittels betriebswirtschaftlicher und mathematischer Methoden und Modelle,
3. Übermittlung der Informationen an die einzelnen Nutzer. (1)

Das Hauptproblem besteht in der adäquaten Strukturierung aber auch Filterung und Übermittlung der Daten zu Informationen, die für eine Entscheidungsfindung wichtig sind. Außerdem ist ständig auf rechtzeitige Übermittlung aktueller Daten zu achten, die auch verstanden werden können und

aus vertrauenswürdigen Quellen stammen. (1)
Die optimale Strukturierung von Daten wird von der Unternehmensberatung McKinsey als MECE bezeichnet. Diese Abkürzung steht für "mutually exclusive and collectively exhaustive" und bedeutet, dass bei der Bereitstellung von Informationen darauf geachtet werden muss, dass es keine Überschneidungen oder unvollständige Informationen gibt und Zusammenhänge durch entsprechende Gruppierungen eindeutig dargestellt werden. (1)

Business Intelligence-Systemen hilft, der Datenflut Herr zu werden

Um die notwendige Flexibilität aber auch Schnelligkeit zu besitzen, um entscheidungsrelevante Informationen bereitzustellen ist die Unterstützung durch IT-Systeme notwendig. Hierbei haben sich in jüngerer Vergangenheit so genannte Business Intelligence-Systeme (BI) als analytische Softwareanwendungen als sehr nützlich erwiesen. Sie führen die in verschiedenen Software-Systemen des Unternehmens vorhandenen wie auch aus externen Datenquellen (z. B. Wirtschaftsdatenbanken) extrahierten Daten zusammen in einen Datenspeicher und strukturieren bzw. organisieren sie hierarchisch. (1)

Unter Business Intelligence wird die Sammlung, Auswertung und Darstellung der Unternehmensdaten verstanden. Darin besteht auch der große Nutzen der BI-Werkzeuge, indem sie nämlich alle relevanten Daten aus dem ganzen Unternehmen automatisiert zusammen führen und sie dann strukturieren und anwenderorientiert aufbereiten ggf. auch grafisch. Damit sind die exakt benötigten Informationen jederzeit übersichtlich und aktuell vorhanden, ohne dass jeweils händisch eine entsprechende Auswertung erstellt werden muss. Dabei führen die BI-Lösungen die Daten aus verschiedenen IT-Systemen zusammen und sammeln sie in einem Data Warehouse. Daten können hieraus auch individuell je nach Bedarf ausgewertet werden. (4)

Um ein BI-Werkzeug einzuführen ist die Unterstützung des Top-Managements von größter Wichtigkeit. Nur so kann auch intern die Akzeptanz geschaffen werden und das Aufkommen politischer Diskussionen weitestgehend unterbunden werden. Die Auswahl des richtigen BI-Tools wiederum kann am besten so getroffen werden, dass den ausgewählten Softwareherstellern konkretes Datenmaterial zur Verfügung gestellt wird, mit welchen dann die verschiedenen Systeme gefüttert

werden.
Wesentlich bei der Einführung sind dann die Filterung der richtigen Informationen sowie die Erstellung von zielgruppenspezifischen relevanten Berichten und jeweils individuell angepasste Berichtszyklen. (1)

Ein strukturiertes Berichtswesen unterstützt bei der Reduktion der Unsicherheiten

Natürlich gibt es viele Entscheidungen, die unter großer Unsicherheit getroffen werden müssen. Ein mittels Business Intelligence unterstütztes Berichtswesen des Controllings hilft aber, diese Unsicherheit so gut es geht zu reduzieren. (8)
Die Aufgabe von Business Intelligence besteht darin, das Datenchaos im Unternehmen zu strukturieren und die im Unternehmen vorhandenen Daten nach unterschiedlichen Fragestellungen zu analysieren. Die Einführung von Business Intelligence verbessert die Datenqualität und damit auch die Aussagefähigkeit des Berichtswesens. Außerdem werden die Zeiten von Auswertungen dramatisch verkürzt, in dem heute entsprechende Berichte auf Knopfdruck aus dem System kommen, für die noch vor einigen Jahren zwei

Tage zur Erstellung benötigt wurden.
Schlechte Daten oder eine fehlende Organisation der Daten kosten häufig Zeit und evtl. damit auch den Vorsprung gegenüber dem Wettbewerb, aber führen häufig auch zu Fehlentscheidungen. (8)

Auch Kreditinstitute verlangen im Rahmen ihres Rating-Prozesses aussagekräftige und aktuelle Berichtssysteme

Die Neuregelung der Eigenabsicherung von Kreditrisiken (Basel II) haben auch zu entsprechenden erweiterten Anforderungen an ein Berichtswesen geführt, indem es ein Rating der Unternehmensrisiken ermöglichen muss. Der ratingbezogene Informationsbedarf der Kreditinstitute verlangt eine zeitnahe Informationsbereitstellung und aufbereitung, die folgende Faktoren erfüllt:
- Frühwarncharakter
- Aktualität
- Erfolgsrelevanz. (2)

Von besonderer Bedeutung für ein entsprechendes Berichtswesen sind die Anforderungen der Banken an

- den Detaillierungsgrad der Unternehmensplanung
- den Planungshorizont
- die Qualität des Ertragscontrollings
- die Qualität des Debitorenmanagements
- und ggf. die Qualität des Währungsmanagements.

(2)

Somit hat das Controlling im Rahmen seines Berichtswesens nicht nur die adäquate Informationsbereitstellung für unternehmerische Entscheidungen bereit zu stellen, sondern muss auch die Bedeutung der jeweiligen Entscheidungen für das Unternehmensrating im Vorhinein analysieren und nennen. (2)

Fallbeispiele

Die Oldenburgische Landesbank hat sich entschieden, die heterogene IT-Landschaft hinsichtlich der Funktionalitäten und Benutzeroberflächen zu vereinheitlichen und ein Data Warehouse sowie ein standardisiertes Auswertungstool zu installieren. Diese Business-Intelligence-Offensive soll die gesamte Performance des Kreditinstitutes erhöhen. (3)

Die Firma Agresso hat ein Tool mit dem Namen Accountanalyzer vorgestellt, welches Finanzinformationen aus unterschiedlichen Softwaresystemen extrahiert und analysiert. Der Accountanalyzer hilft dabei, die finanzielle Situation sowie Risiken besser abzuschätzen und sich so auch auf Betriebsprüfungen besser vorbereiten zu können. (6)

Weiterführende Literatur

(1) Praxisbeispiel zum Aufbau eines aussagekräftigen Berichtswesens
aus Bilanzbuchhalter und Controller, Heft 08/2007, S. 220

(2) Ratingorientierte Reportingtools: Ein neuer Weg zur unterjährigen Informationsversorgung von Kapitalgebern
aus Bilanzbuchhalter und Controller, Heft 08/2007, S. 225

(3) Cordes, Peter, Oldenburgische Landesbank AG (OLB) plant eine Vereinheitlichung ihres Reportings, Standardisierung im Visier, geldinstitute, 04/2007, S. 36-37
aus Bilanzbuchhalter und Controller, Heft 08/2007, S. 225

(4) Business Intelligence: Die Analyse von Zahlen und

Daten
aus VDI NR. 31 VOM 03.08.2007 SEITE 9

(5) IDC identifiziert Business Objects als Nummer 1 bei Werkzeugen für Query, Analyse und Reporting
Der Business-Intelligence-Markt ist hart umkämpft
aus Computer Zeitung, Heft 28, 2007

(6) Agresso-Tool sammelt Daten für Controller
aus Computerwoche, 20.07.2007, Nr. 29 Seite 13

(7) Wenn Software mitdenkt
aus Frankfurter Allgemeine Zeitung, 23.06.2007, Nr. 143, S. C4

Impressum

Controlling im Berichtswesen - Relevante Daten bereitstellen für die unternehmerische Entscheidungsfindung

Bibliografische Information der deutschen Nationalbibliothek

Die Deutsche Nationalbibliothek verzeichnet diese Publikation in der deutschen Nationalbibliografie; detaillierte bibliografische Daten sind im Internet über http://dnb.d-nb.de abrufbar.

ISBN: 978-3-7379-0050-8

© 2015 GBI-Genios Deutsche Wirtschaftsdatenbank GmbH, Freischützstraße 96, 81927 München, www.genios.de

Alle Rechte vorbehalten. Dieses Werk ist einschließlich aller seiner Teile – z.B. Texte, Tabellen und Grafiken - urheberrechtlich geschützt. Jede Verwertung außerhalb der Grenzen des Urheberrechtsgesetzes bedarf der vorherigen Zustimmung des Verlags. Dies gilt insbesondere auch für auszugsweise Nachdrucke, fotomechanische Vervielfältigungen (Fotokopie/Mikroskopie), Übersetzungen, Auswertungen durch Datenbanken oder ähnliche Einrichtungen und die Einspeicherung und Verarbeitung in elektronischen Systemen.